神の祝福をあなたに。

歌舞伎町の裏からゴッドブレス!

関野和寛
ロッケン(Rock'n)牧師

日本キリスト教団出版局

カバー・本文デザイン　デザインコンビビア
カバー・扉　イラスト　塙　茂樹

はじめに

日曜日の朝、教会で神様を礼拝する朝、朝日が照らすのはステンドグラスではなく、酔っぱらいが吐いた嘔吐《おうと》物、女子高生が捨てたタピオカドリンクのカップ、ホームレスのおっちゃんの飲みかけの発泡酒の缶、そして外国人向けの不動産紹介のチラシなどである。イラつきながらそれを片付ける。そう、ここは歌舞伎町の裏、アジアのヘソと呼ばれる大久保。「犯罪が多い」「韓《ハン》流の街」「外国人が多い」などといろいろ言われる。けれども、ここは特殊な街ではない。この場所こそさまざまな人種と文化が存在する日本の中にある世界水準の街なのだ。

そしてその世界水準の街にある教会にはありとあらゆる人が訪ねて来る。ホームレスのおっちゃんから、企業社長、精神疾患で苦しむ人、難民、刑務所から出たての人、暴力団関係者、風俗店で働く人まで。毎日のように予期せぬ客人がドガンッ！と教会のドアを開けて入って来るのだ。しかもアポイントメントなしで無理難題を突き付けてくる。お金を盗まれたことも、首を絞められたことも、刃物で襲われたこともあった。

いつからか私はドガンッ！と教会のドアが開く瞬間を恐れるようになった。人を恐れ、疑うようになった。人を信じられなくなり、誰も教会に来てほしくないとさえ感じた。そして神を信じる信仰さえなくなった気がする。牧師が人を避け、神を信じなくなったのであれば、それは牧師の死だ。

けれども私はあるときに気が付いた。この街にいるありとあらゆる人々はまさに聖書の世界の人々と同じだ、と。キリストの周りには多くの犯罪者、荒くれ者、娼婦、病める者、貧しい者が常にいた。やがて私は教会のドアが開く度にリアルな聖書の頁が開いていくように感じるようになった。私は生きていた。苦しいことの連続だけれども、教会のドアが開く度に救われていたのは私だったのかもしれない。

もしあなたが今日、人に疲れ、自分を生きることにさえ疲れているならば、この本の頁をめくってみてほしい。必ず笑顔になれると信じている。歌舞伎町の裏、アジアのヘソからあなたにゴッドブレスを祈っている。

はじめに　3
人生劇場は最前列で見よ！　10
クリスチャンパフューム　12
壊れた屋根に三度の奇跡　14
アタックNo・1　教会vs交番　16
この壊れた世界にこそ　18
死ねる場所こそ生きる場所　20
賞味期限なき塩キャラメルパン　22
聖書を開こう！　24
ワンカップでメリークリスマス！　26

神の前で亀の葬式を　28
歌舞伎町のママに教わったこと　30
ブラジルコーヒーの残り香　32
一〇〇キロの赤ちゃん　34
二〇時のシンデレラ　36
葬式費用≠天国入場料　38
ミッション、じいちゃんを救え！　40

聖書を開こう！　42

ロッケン牧師&ロッケンボーイ　44
疑われた聖書と男　46
世代と性を超えて　48
パタン、パタン！　ドガンッ!!　50
ピカンッ！　クリスマスの光　52

真実は嘘と本当の間に　54
俺はゴッドブレス・マニア　56
人生のバッターボックス　58

聖書を開こう！　60

神の祝福はカレー味　62
宇宙の出入り口で　64
燃える罪の炎を消せ　66
人生に手遅れはない　68
あなたは誰に向かって倒れる？　70
真っ赤に照らされた夜　72
俺もあなたの友達だよ　74

聖書を開こう！　76
小さなキリストを背負って　78
あとがき　83
初出一覧　85

◎プライバシー保護のため、一部の登場人物や状況を再構成しています。

門をたたきなさい。そうすれば、開かれる。

（新約聖書　マタイによる福音書7章7節）

人生劇場は最前列で見よ！

ドガンッ！　教会のドアがものすごい勢いで開き、身長一八〇センチはありそうな金髪のポニーテールの男がハアッハアッと息を切らしながら飛び込んできた。激しくおびえた表情で辺りをきょろきょろと見渡しながら、「先生！　助けてくれ!!」としがみついてくる。「頼む、助けてください！　俺は足を洗った元暴力団なんです。でもそれを許さない奴らが俺を探して殺そうとしているんです！　でも、安心してください！　もし奴らがこの部屋で拳銃ぶっ放しても、俺が盾になって先生を守りますから!!」。極道映画のような展開に口から心臓が飛び出しそうだった。

「俺はキリストを信じて暴力団をやめたんです」と、男は切り出してきた。何でも、組長の護衛で泊まったホテルに備え付けてあった聖書を読み改心！　悪いと知りながらもそれを拝借した。暴力団のスーツにはピストルも入る大きなポケットが内側にいくつ

もあるので、そこに聖書を忍ばせて読み続けてきたとのこと。

男は土下座した。「先生、俺は九州の実家に帰って農家として、クリスチャンとして一から生き直したいんです！　九州までの飛行機代四万円をください！」。そう言って涙を流している。牧師は困ったふうの人から金を無心されることがときどきあるのだが、俺は一円もあげたことがない。それが解決になるわけではないと思うからだ。だが、男の命懸けの姿に俺は四万円を手渡し、「今日から神と共に生きてください」とゴッドブレス、神の祝福を祈った。まさに罪人《つみびと》が救われた夜だった。

次の朝、俺は興奮冷めやらず、近隣教会の牧師に電話して一部始終を話した。すると「同じ男、先週うちにも来たよ。あれは詐欺師だよ」との答え！　何と俺は詐欺師に四万円を捧げてしまったのだ。だが、俺はそれでもよかった。劇団四季ばりの迫真の演技を目の前で鑑賞できたからだ。

歌舞伎町の裏からゴッドブレス、人生劇場を最前列でお前らに見せていくぜ！

クリスチャンパフューム

ドガンッ！　教会のドアがすさまじい勢いで開いた。見ると、アジア系の女性が白い布で包まれた大きな箱を抱えて大粒の涙を流している。一目で俺は何が起ころうとしているのかわかった。彼女は夜の歌舞伎町のフィリピンパブで働く出稼ぎのホステスで、一緒に働く同郷の仲間が脳卒中で急死してしまったというのだ。彼女もその友人もクリスチャン。何とか火葬をすませ、骨壺《こつつぼ》を持って、そのまま近くの教会にやって来たというわけだ。

すぐに骨壺を持って帰国することはできず、友人の家族を急に呼ぶこともできないし、葬式をすることもできない。せめて亡くなったその友人が天国に行けるように祈ってほしいという。もちろん答えはイエスだ。「お金はいらないから、日本にいるフィリピンの友人たちを集めて手作りのお葬式を明日しよう！」、俺は提案した。

次の日の夕方、何と一〇〇人近いフィリピン人ホステスの女性が教会にやって来た。しかも皆、色っぽいダンサー風の真っ黒な服にバッチリメイクだ。リアルな人間模様である。そして何よりすさまじかったのは、彼女たちが付けていた香水《パフューム》の匂いだ。礼拝堂という聖なる空間が普段にはない、香水の匂いでいっぱいになったのだ。

葬儀の最後に俺は天国に帰った彼女と参列する者たちのために祈りを捧げた。目を開くと皆涙を流し、籠を回し、その中に次々に献金を入れている。籠はいっぱいになった。そして彼女たちは夜の歌舞伎町に働きに出て行った。

礼拝堂には彼女たちの残り香が立ち込めていた。その香りは俺に一つの聖書の物語を思い出させた。キリストが十字架に架けられる前、キリストに感謝していた一人の女性（彼女は娼婦であったという説もある）がキリストが殺される運命を嘆き、高価な香水が入った壺を壊し、香水をキリストの頭に注ぎかけたという物語だ。彼女たちの残り香、それはまさにキリストの香りだ。俺は歌舞伎町の夜にゴッドブレス、神の祝福を祈ったのだった。

壊れた屋根に三度の奇跡

バビューン!!　台風の夜、突風で教会の屋根がめくれ上がった。約一五メートルに及ぶ銅製屋根の修理の見積もり額は何と一〇〇万円！　梅雨を目前に待ったなしだが、教会には予算外のそんな大金はない。そこで必死に祈る。

するとバタン！と教会のドアが開いた。先月お葬式をした男性の娘さんだ。何でも葬式後に遺言状が出てきて「教会に五〇万円を捧げること」と書いてあったので使ってほしいとのこと。何というタイミング！　だが、まだ屋根は直せない。俺は必死に祈った。すると教会のドアがドガン！と開いた。見ると毎週礼拝に出ている在日米軍兵士が立っているではないか！　「この三年間、この教会に通うことが心の支えだった。これを教会に寄付させてくれ！」。そう言って三〇万円を俺に手渡したのだ。二度も続く奇跡。だが、まだ足りない。そこで、ひたすら祈る。

すると教会のドアがパタンと開いた。一人のおばあちゃんが、十字架のところにやって来てパンッパンッ！と二拝二拍手一拝。神社参拝のそれだ。そして、キョロキョロと賽銭《さいせん》箱を探すようなしぐさ……。諦めたのか、十字架のもとにお札を置いて去って行った。見てみると、何と一万円。それからおばあちゃんは毎日朝一〇時に十字架の前にやって来て、深く拝礼して一万円を十字架の前に置いていった。

ある日、俺はそのお賽銭献金をおばあちゃんに返そうと、声を掛けた。「いつも必死に祈っておられますね。でもお金を捧げなくても神さまは祈りを聴いてくださいますよ」。すると「ここに毎日お参りを続けたら、うちのじいさんの血圧が安定してきたんだ！　その感謝だよ。神主さん、あんたは神さまの力を信じないのかい！」とおばあちゃん。俺は神主ではないが、とにかく夫を思う彼女に何も言えなかった。

おばあちゃんからの献金はちょうど二〇万円。こうして教会の屋根は無事に修復された。すると梅雨の雨が降り出した。それは歌舞伎町の裏に注がれた祝福の雨、ゴッドブレスだった。

アタックNo・1　教会vs交番

バタン！　教会のドアが開いた。小さな男の子が今にも泣きそうな顔で立っている。「どうしたの？」と尋ねると、「これ……」と差し出した小さなてのひらには何と猫の赤ちゃんが!!「ミャー!!　ミャーッ！」捨て猫だ。

だが、どうしようもない。「ボク、こういう場合はね、お巡りさんのところに持って行くんだよ」と大通りを挟んで教会の前にある交番を俺は指さした。すると「お巡りさんにこの猫を助けてくださいって頼んだら、教会に持って行きなさいって言われたんです」と消え入りそうな男の子。

実は目の前の交番は、ホームレスのおじさんが「金を貸してくれ！」と言えば「教会に行きなさい」と言う。派遣切りにあって持ち金が尽きた人にも「教会に行きなさい」と言う。だが教会も「いや！　お金は警察で借りてください！」とやり返す。「教会に

行きなさい！」「いや、警察に相談してください！」。このように交番と教会で日夜、命のバレーボール大会が繰り広げられているのだ。

この日、俺は怒りに駆られ、アタックを交番に打ち込んだ。男の子と子猫を連れてお巡りさんのところに乗り込んだのだ。「路上の案件は交番の仕事でしょう！　困るよ!!」。すると、渋々お巡りさんは動物愛護団体に電話をかけたが、「子猫は殺処分のみ」とのこと。強烈なアタックが返ってきた。男の子は泣き出し、その手の中で子猫も「ミャー、ミャー!!」とさらに大声で鳴く。もし神のてのひらにいられるのなら、その上で泣きたいのは俺の方だ。だが、泣いている小さな二つの命の前で「相わかった。お命は教会でお預かりします」と俺はレシーブ。男の子は安心して帰って行った。

行き場のない命、生きづらい命があふれる世の中……。全ての命よ！　俺の懐に飛び込んで来い！　全員まとめてゴッドブレス、神の祝福をお前に打ち込んでやる！　あ、見栄《みえ》張りすぎた。預かった子猫は猫好きの教会員に引き取ってもらったことを付け加えておく。

この壊れた世界にこそ

ドガンッ！　日曜日の早朝、教会の前ですさまじい音が響いた。外に出てみるとタクシーの前で倒れた二人の男が立ち上がりながら「テメー!!　この野郎！」と叫び、つかみ合っている。一人は仕事帰りのホストの風貌で、もう一人は宙に向かって何かを夢想するかのように叫んでいる。車から降りたタクシー運転手が仲裁に入ろうとするが、今度はホストがタクシー運転手に「おまえ、俺たちをはねやがって!!」とつかみかかる。

俺は即座に分析した。「大久保通りで仕事帰りのホストと情緒不安定な男が出会い頭にぶつかった。つかみ合っているうちに二人は車道に出てしまい、そこにタクシーが接触した」という魔のトライアングルアクシデントだ。

これこそ教会の目の前の交番が扱う案件と思い、見て見ぬふりをして教会に戻ろうとした。すると「あ、そうだ、牧師さんに神さまのお告げを聴いてもらおう！」と夢想男。

タクシードライバーもホストも同意している模様。

かくして、俺は問題解決のお告げを祈り求めることに……。歌舞伎町の裏のよどんだ空気をスーと吸い込むと、不思議と祈りの言葉が出てきた。「神よ、今この三人の者があなたに助けを求めています。三人は激突事故を起こしてしまいましたが、誰もけがをしていないことに感謝します。そしてこれはただの事故ではなく不思議な出会い、互いを赦《ゆる》し合うための出会いであると信じさせてください。キリストの名によって、アーメン！」。するとさっきまでもみ合っていた彼らが「おお、そうだ！　誰もけがしていないし、車も壊れていない！　すばらしい！　アーメンだ！」とドラマのような展開に。

ドガンッ！　今日も世界は国と国、宗教間、そして個人間でも、さまざまな衝突の連続だ。そうした衝突は避けられない。けれどもそこにこそ、奇跡的な解決があることをあきらめてはならない。だから、俺は全ての衝突にゴッドブレス、神の祝福を祈る。歌舞伎町の裏から今日もゴッドブレスを！

死ねる場所こそ生きる場所

ドガンッ！　夜遅く教会のドアが勢いよく開いた。見るとうつろな目をした茶髪の若い女性が立っている。歌舞伎町の夜の女性と一目でわかる。酒に酔っているようで、手首にはリストカットの傷口もある。話を聞くと、一六歳から歌舞伎町の夜の街で働き一〇年、家族とも絶縁状態だという。そして、「こんな自分でも赦《ゆる》されますか？」と真剣に問うてくるのだ。はっきり言う、教会はこのような人の場所である。

俺は礼拝堂で彼女と共にキリストの赦しにまつわる聖書を読み、彼女のこれまでの人生を神が赦し、神が彼女の人生を守り祝福してくださるように！と渾身《こんしん》の祈りを捧げた。彼女も目を閉じて必死に祈りに心を合わせてくれているようだった。やがて目を開けた彼女は静かに言った。「赦される経験をしたら、目の前にお花畑が見えました」と。「そうか、よかった……」、俺はそう言いながら、彼女を見送った。

が、次の夜、ドガンッ！と教会のドアが再び開いた。見ると、昨晩とは別の夜のお勤め風の女性が立っている。そして、いきなり怒声を上げた。「あんたが余計なことしたから、あの娘《こ》、昨日の晩、大量の薬飲んで自殺未遂したのよ！　ふざけんじゃないわよ!!」。つまり昨晩、彼女は生まれて初めて自分の存在そのものを赦される経験をした。だが、その経験は彼女に「もう死んでもいいんだ」という安心感を与えてしまったようなのだ。

俺はその事態に驚きつつも、ひるまずに言った。「私は赦しを求める彼女に神の赦しを祈り求めました。そして、神の赦しは必ず彼女に命を与えると、私は命がけで信じています」と。女性は黙って帰って行った。

ここに持ち込まれる無理難題（?!）、実はこんなふうにすんなりとハッピーエンドとは言えないことのほうが多い。助けたつもりが失敗に終わり、恩を仇《あだ》で返されることも数知れず。それでも俺がここに留まる理由、それはこんな街にこそ、ゴッドブレス、神の祝福があると信じているからだ。

賞味期限なき塩キャラメルパン

　ガシャン！　夜九時、教会の一日の仕事を終え、俺はドアを閉めた。誰がいつ飛び込んでくるかわからない異次元ドアを閉める瞬間に安堵《あんど》を覚える。そのときだった。ドガン！　ドガン！　牧師室の窓をたたく音だ！　窓を開けるとアフリカ系の大男が身を乗り入れ、懇願してきた。「牧師さん！　俺は今難民申請中で生活に困ってるんだ！五千円ばっかりめぐんでくれ！」と。

　この手のことは実は毎日のようにあり、現金を渡すことはまずない。「お金はあげられません」。すると大男は「俺は腹ペコなんだ！　貧しい者に施しをするのが教会だろ！お前は偽牧師だ！」とまくしたてて窓から入ってきて、俺の肩に怪力でつかみかかった。大抵の牧師はここで、教会の草取りをしたらバイト代をあげるとか、おにぎりをあげるとか言って対応する。だが、俺はそういうことはしない。

相手はレスラーのような大男だが、よく見ると意外といいスーツにお洒落なネクタイを締めている。勇気を出して大男に叫び返す。「お前は俺より高いスーツを着ている！腹が減ってるかもしれないが、教会は施しを与える場所ではない！　教会は皆から施しを受けて成り立っているんだ。そして俺はその施しの中から更に施しを受けて生活しているんだ！　今日だってキャベツしか食べていないんだ！（ウエイトコントロールのためだが）　お前が俺に何かをくれ!!」。

するると大男は俺から手を離し「悪かった……。これを食べてくれ」と、リュックの中から賞味期限切れの塩キャラメルパンを出して俺に手渡した。そして、「牧師さん、ゴッドブレスユー（神の祝福を）！」と、逆ゴッドブレス（？）をして去って行った。

怪力男がくれた塩キャラメルパンをかじる。塩の味が甘さを引き立てる。これぞゴッドブレスの味。人助けとは他者を無条件に甘やかすことでは決してない。その人の中に眠っている底力を引き出すことであろう。賞味期限のないゴッドブレスを今日もお前らに！

聖書を開こう！

イエスはそこをたち、通りがかりに、マタイという人が収税所に座っているのを見かけて、「わたしに従いなさい」と言われた。彼は立ち上がってイエスに従った。

イエスがその家で食事をしておられたときのことである。徴税人や罪人《つみびと》も大勢やって来て、イエスや弟子たちと同席していた。ファリサイ派の人々はこれを見て、弟子たちに、「なぜ、あなたたちの先生は徴税人や罪人と一緒に食事をするのか」と言った。

イエスはこれを聞いて言われた。「医者を必要とするのは、丈夫な人ではなく病人である。」

（新約聖書　マタイによる福音書9章9―12節）

民衆から過剰な税金を吸い上げていた税金取りマタイはこの上なく嫌われ、蔑《さげす》まれていた。お金に魂を売ったような彼を人々はゴミを見るような目で見ていたのだろう。けれどもキリストは税金取りマタイの中にある彼だけの力を見抜いて自分の弟子とする。

伝承ではこのマタイはこの後聖書の「マタイによる福音書」を執筆する。お金の帳簿をつける者から、何万何億という人々に神のストーリーを書く者に、誰からも嫌われていた者から、誰よりも多くの人に希望を伝える者になったのだ。このキリストが今日あなたを見つめ、あなたを招いている。

ワンカップでメリークリスマス！

　ドガンッ！　教会のドアが開いた。クリスマスの時期、教会のロビーにキリスト生誕場面を伝える大きな人形のセットを設置しているときだった。飼い葉桶《おけ》に寝かされている赤子のキリスト、母マリア、そして羊飼いや三人の博士などを順に置いていた俺。見ると、ホームレス風のおっちゃんがワンカップ酒を飲みながら立っている。

「お〜、クリスマスか〜。牧師さんよ〜。キリストって本当にいたのかよ!?」と絡んでくる。「キリストはいたよ〜。だからクリスマスやってるんだよ」と、適当にかわしながらセットを完成させるため最後の人形、キリストの父ヨセフを取りに倉庫に行った。

　ヨセフ人形を抱えて戻ってくると、なんと父ヨセフを置くスペースにその酔っぱらいのおっちゃんが座っている！　そして、キリストに話しかけている。「おい！　お前さん！　こんな冬に馬小屋にいたら風邪ひいちまうよ！」。どうやら泥酔して、人形を本

当の人間だと思っているようだ。

そして、今度は母マリアに話しかける。「おい、お母さん、旦那はどこ行ったんだよ？ こんな大変なときに!? そうか、旦那は出て行っちまったか……。ごめんな。俺も妻と子どもとずっと会ってないんだ。父ちゃんが帰ってきたら、これあげてくれ」と、その場に何かを置いて立ち去ろうとした。

俺はヨセフ人形を持って飛び出し、「大丈夫、お父さんはここにいるよ！」と声をかけた。すると、「俺も一〇年ぶりに家に帰ろうかな……。家族に会えるようにお祓《はら》いをしてくれ、牧師さん！」と懇願するおっちゃん。お祓いは俺の仕事ではないが、「このクリスマスにお父さんがご家族に会えますように！」と、俺は渾身《こんしん》でゴッドブレス、神の祝福を祈った。

クリスマスセットに目をやると、博士たちがキリストに贈った黄金、乳香、没薬《もつやく》に並び、おっちゃんからの贈り物のワンカップが置かれていた。言葉はいらない、キリストよ、このクリスマスに全ての人にゴッドブレスを！

神の前で亀の葬式を

パタンッ！　教会のドアが小さく開いた。冬の寒い夜、一日の仕事が終わり、インスタントラーメンを食べようとお湯を注いでいたときだった。見ると小さな女の子が両手で箱を持ちながら泣いている。「どうしたの？」と聞くと「飼ってた亀が死んじゃったの。だから教会でお葬式してほしくて……」と言うではないか。

ラーメンができあがるまで約三分、その間に……と考えた俺は、「じゃあ、牧師さんと亀さんのお葬式をしよう」と女の子を連れて礼拝堂へ。俺は牧師の白いガウンを着て首からストールをかけ、フル装備で亀葬儀を開始した。

箱の中には四肢と頭を甲羅の中にしまい込んだ亀。それを優しく牧師ストールで包み、てのひらに載せて祈り始める。ラーメンができるまであと一分半ほどか。「亀よ、いや神よ！　この亀が地上の命を終えました。神よ！　天の国であなたがこの亀に永遠の命

を与え、そして来《きた》る日にこの少女と再会させてください。そしてこの少女に慰めと励ましを与えたまわんことを！」。我ながら完璧な弔《とむら》いだ。もうラーメンができるころだ。だが、祈りを終えると女の子が大声で泣き出した。「悲しいよ……。牧師さん、悲しいよ……！」。俺はラーメンを諦め、亀を手にしたまま女の子の横に座り、ただただ寄り添うことにした。

三〇分ほどたつと、女の子は言った。「牧師さん、ありがとう。悲しいけど、亀ちゃん天国に行ったんだよね……。私、帰るね」。とそのとき、俺のてのひらでストールに包まれていた亀が動き出した！　なんと亀は死んでいたのではなく冬眠に入っていただけで、俺の手の熱で温められて覚醒し、動き出したのだ。女の子は「やったぁ!!　生き返った～！　神様ありがとう!!」と大喜びで帰って行った。

ラーメンと引き換えに命に寄り添った三〇分。命はインスタントじゃねぇんだよ、命は温め続けるものだろうよ！　今日も歌舞伎町の裏から、全ての命に神の祝福、ゴッドブレスを！

歌舞伎町のママに教わったこと

ドガンッ！　金曜日の夜、教会のドアが激しく開いた。歌舞伎町のスナックのママだという女性が涙をこぼしながら訴えてきた。「昨日も客に代金踏み倒されたの。私はいつもダメな男につかまってさ、結婚も三回したけど、毎回男の借金背負わされて離婚よ……。もう虚《むな》しくて悲しくて、電車のホームで飛び込もうとしたの!!　でも飛び込めなくて教会に来たの！」。

やけ酒で自暴自棄になっているのだろう。「今日からクリスチャンとして生きていきますから、お導きをお願いします！」と言い出した。俺の経験からすると、彼女が言っていることは真実だ。俺は聖書を手渡し、「ママ、明日仕事前三時ごろ教会に来られる？明日から洗礼の準備をしよう。もう死のうなんて思わなくていいからね」。女性は泣きじゃくりながら、「わかりました。明日必ず来ます……」と言って帰って行った。しか

し、次の日の約束の時間が過ぎても彼女は来なかった。

数カ月後のある日、歌舞伎町の飲み屋街を歩いていると、通りかかったスナックのドア越しに彼女がいるのが見えた。入っていくと、「いらっしゃい、お兄さん。見ない顔だね〜」。どうやら俺を覚えていないようだ。注文したウィスキーロックを飲みながら店内を見ると聖書があるではないか！　あの日俺が手渡した聖書だ！　しかも何と商売繁盛祈願の神棚の中に！

それを指差し、「あの本は？」と尋ねると、「あれは聖書だよ。一番苦しいときに神さまに救われたもんでね。時々読むんだよ」と言うではないか！　喜びを抑えつつ「でも聖書って、神棚に置いていいの？」と聞くと、「キリスト様ってのはそんなちっちゃなもんじゃないよ！　キリスト様は神棚の中にも教会の中にもお兄さんの心の中にもいるんだから！」と返ってきた。そうだ、俺が信じるキリストはこんなにも大きく、こんなにもさり気なくカッコイイ神なのだ！　俺は店を出て、ちょっと渋めのゴッドブレス、神の祝福をママと夜の街に祈ったのだった。

ブラジルコーヒーの残り香

ドガン！　教会のドアがいつになく激しく開き、作業着の男が駆け込んで来た。男は息を切らせながら「助けてくれ！　××国のスパイが私を追いかけてくる！」と叫んだ。どうやら、被害妄想にかなり苦しめられているようだ。そんなわけないだろう……と、九九％疑いながらも万が一の一％を忘れず、その人に寄り添うのが牧師だ。

「それは大変だ。一緒に隠れよう！」と男を教会の奥の部屋に避難させる。けれども男は真っ青になって震えている。と、次の瞬間、自分のリュックを勢いよく床に降ろし、「この中に盗聴器と時限爆弾が仕掛けられている！」と叫び、中身を投げ始めた。だが、男のリュックから次々に出てくるのはペアではない片方ずつの靴である。その数二六個、しかも全て違う種類だ！　そして「爆発する！　伏せろ！」と叫び、何かを宙に投げた。その物体が空中で飛散!!　さすがの俺も頭を覆い、床に伏せた。だが部屋中に飛散した

のはなんとコーヒーの粉だった。一瞬で聖なる教会の一室は二六個の靴とコーヒーの粉だらけになった。床に転がったコーヒーの袋を拾うとブラジル産だった。

果たして、爆発寸前になったのは爆弾ではなく、俺の怒りだ。だが、俺はキリストのことを想い、怒りの爆弾をしまう。「世界中、靴を片方ずつ脱ぎ捨てて、ブラジル経由で逃げて来たんですね」と神対応。「そうなんです！」と逃亡者。「ちと、気分転換にコーヒーでも飲みましょうか？」とわずかに袋に残った粉で俺はコーヒーを入れる。

コーヒーを一口すすって男は言った。「牧師さん！　今スパイが諦めて帰って行ったと本部から情報がありましたんで、帰ります！」。壮絶な逃亡劇に疲れた俺は、再びコーヒーを口に含む。ローストされた謎の香りが広がる……。んん？　これはブラジルコーヒーの香りではない。あの男の靴の匂いだ！　うう……臭い。今回は神の祝福、ゴッドブレスでなくバッドブレス（臭い息）だ！　いや、あの男が心の平安を得られるよう、やはりゴッドブレス!!

一〇〇キロの赤ちゃん

ウゥ～ン！　けたたましいサイレン音に俺は教会の外へ飛び出した。見るとパトカーが二台、タクシーを挟む形で停車している。そして、パトカーから警官がぞろぞろと出てきてタクシーの後部座席に身を乗り出して「こら、起きなさい!!」と叫んでいるではないか。なんとタクシーには一〇〇キロ近くあろうと思われる大男が横たわり眠っているのだ。四人の警官が「おい！　起きろ！」と必死に大男を揺さぶるが、目覚める気配はゼロだ。相当泥酔して、昏睡しているようだ。

これは俺の出番ではない。教会に戻ろうとしたそのとき、タクシー運転手が声を上げた。「これじゃあ商売になんないよ～。牧師さん、神さまの力で何とかしてよ！」。呼ばれたのであれば仕方がない。俺は警官たちの間を割って入り、「ここは神の家、教会の前なのだ。起きよ！　目覚めよ！　神の祝福、ゴッドブレス！」と叫んだ。すると「お

母ちゃん〜、ごめ〜ん」と男の寝言が聞こえてきた。その様子を見た年長の警官が「おい、あれ持ってこい」と部下にパトカーのトランクから何かを持ってこさせた。それは警察が遺体や怪我人を包んで運ぶ分厚い大きなビニールシート、すなわち俺が勝手に「おくるみ」と呼んでいるものだ。

「よし、皆で引っ張るぞ！」との合図に警官、タクシー運転手、俺は男の足をつかみ思いっきり引っ張った。だが、巨体はなかなか出てこない。「がんばれ！　せーの！」。繰り返される掛け声、まるでお産のようだ。「がんばれ！　もうちょっと！」。通行人たちからも声援を受け、職業、信仰を超えた六人の男たちが最後の力を振り絞る！「せーの！」。ズルンッ！　大男はやっと「おくるみ」の上に生み落とされた。そのまま大男は「おくるみ」に包まれ、パトカーで護送されていった。

行き先はお任せだ。ただ、苦しい現実を生きる誰もが、生まれた日のようにもう一度祝福と愛に包まれる瞬間が必要だ。今日も俺は歌舞伎町の裏から全ての魂を「おくるみ」するゴッドブレスを祈っている。

二〇時のシンデレラ

ドガンッ！　教会のドアが開いた。時計は一九時、一日の仕事を終えようとしたときだった。見るとウエディングドレス、そしてタキシードを着た中年のカップルが立っている。女性は目から大粒の涙を流している。これは非常事態と察し、二人を中に入れた。男性は頭を机にこすりつけて懇願してきた。

「すみません……。訳あって結婚式を挙げられないんです。せめて記念にと、写真スタジオで写真は撮りました。でも彼女、本当は教会で式を挙げるのが夢だったんです。居ても立ってもいられなくて、この衣装をそのままお借りしてこの教会に来たんです。牧師さん、お願いです！　今から短い式をしてください！　二〇時までにスタジオにドレスを返さなきゃいけないんです」

幾度となく人にだまされてきた俺は二人を疑った。結婚詐欺？　二重結婚？　今まで

巻き込まれたことのある事件が脳裏に浮かび、俺は断った。「結婚式を挙げるためには教会で五回の結婚講座を受けてもらわなくてはなりません。申し訳ありませんが、お帰りください」。諦めた二人は落胆した表情で教会から出て行った。

そのとき、ロッケン（Rock'n）牧師の心に動揺が走った。断ったのは保身のためじゃないのか？　神の祝福、ゴッドブレスはそんな小さなものなのか？　いや違う!!　バタンッ！　俺は教会のドアを開け、二人を追いかけ尋ねた。「神の前で嘘のない愛を誓えますか？」。二人は真剣な目で「はい」と答えた。

パタンッ！　礼拝堂のドアが開き、花嫁が入場した。何百万円かける式ではない。家族や親友も誰一人いない切ない結婚式。だが、俺は二人の手を握り、ゴッドブレスを祈った。そのとき俺の手が二人の涙でぬれた。今度は涙が俺にゴッドブレスをくれた。愛せない理由より愛する理由を、一緒に生きられない理由よりも生きる理由を探せ。リスクがあるからやらない理由よりも、それでもそれを行う理由を探せ、と。バタンッ！

俺の心のドアがまた一つ開いた夜だった。

葬式費用≠天国入場料

ドガンッ！　教会のドアが開いた。近所の焼き鳥屋の顔見知りの兄ちゃんが「牧師さん、ちと休ませてくれ……」と息を切らせている。彼はＪと言い、心臓病があるものの、焼き鳥屋でアルバイトをしながらひとり暮らしをしていた。一時間くらいソファで横になって、Ｊは仕事に向かって行った。

次の日の夕方、Ｊは「昨日は休ませてくれてありがとう！」と自分が焼いた焼き鳥をパックに入れて持って来てくれた。炭火で焼かれた、いつもに増しておいしい焼き鳥だった。それからというもの、Ｊは日曜日の礼拝に通いだした。両親は早くに亡くなってしまい、兄弟もいない。ときどき寂しくなるが、修業を積み自分の焼き鳥屋を開く夢を持っていた。

だがそんなある日、Ｊは心臓病が悪化、急死してしまった。駆けつけると葬儀業者が

Ｊを棺《ひつぎ》に入れて運び去ろうとしていた。「私はＪさんの牧師です。お葬式は教会でいたします」と言うと、何と葬儀はできないとのこと。Ｊは生活保護を受けていたので、火葬場に直送する費用しか出ないのだと言う。何とも悲しく残念な現実を前に、俺は一瞬うろたえた。

けれども、そのとき小さな奇跡が起こった。火葬場のスケジュールが埋まっていて、直送まで五日間の猶予ができたのだ。その間に教会でＪを預かり、お金のかからない手づくりのお葬式を行うことになった。俺と数人の教会員の葬儀になろうかと思われたそのとき、ドガン！　教会のドアが開いた。ホームレスのおっちゃんや外国人の留学生十数名が駆けつけて来ている。そう、Ｊは彼らに時々、焼き鳥を振る舞っていたのだ。

花も遺影もないが、皆でＪを囲み、Ｊの焼き鳥の味を語り合い、最後には皆でＪの棺を担ぎ霊柩《れいきゅう》車に乗せた。行き先はもちろん、神の祝福、ゴッドブレスの国に決まっている。人は金を積んで立派な葬式をして天国に行くんじゃない。この地上でボロボロになりながら、それでも愛し愛され、一円も持たずに天国に行くんだ。

ミッション、じいちゃんを救え！

ドガンッ！　じいちゃんの家のドアを開けると、ドサッ！と天井までうず高く積まれていた古新聞やいろいろなモノが落下してきた。

そのじいちゃんは教会員の父親で、体力が衰え独居生活が難しくなり、高齢者施設に入ることを周囲は勧めたが頑《がん》として拒み、子どもの訪問や電話まで拒絶して連絡が取れなくなってしまっていたのだ。クリスマス礼拝などには来てくれたことがあるので、一応面識はある。そのじいちゃんを電撃訪問&説得ミッションだった。

じいちゃんの家はいわゆるゴミ屋敷だった。ペットボトルなど不燃物のゴミや古新聞などを長らく出していないのは、分別ゴミの曜日などがわからなくなっていたこともあるだろう。

ゴミの山をかき分け、ふすまの向こうに行くとゴミの中に人一人分のスペースがあり、じいちゃんはそこで苦しそうな息で寝ていた。命の危機だ！　俺はじいちゃんを起こし、「おじいちゃん、このままだと死んじゃうよ！　救急車呼ぶからね！」と言うと「やめてくれ！　何も持って行かないでくれ！　俺はここで死ぬんだ！」とじいちゃん。だが、命には代えられない。俺は救急車を呼んだ。

救急隊員が駆けつけ、抵抗するじいちゃんを担架に乗せようともみ合いに。すると天井まで積まれたゴミと共にガツッ！と俺の頭に固い何かがぶつかった。それは数年前に亡くなったじいちゃんの愛する妻との旅先での記念写真だった。俺はその写真をじいちゃんに見せ、「じいちゃん、天国のばあちゃんがまだじいちゃんに生きてほしいって言ってるんだよ！」と。

じいちゃんは涙を流し、「わかった」と言い、担架に乗った。じいちゃんは数日間の入院の後に高齢者施設に入った。もちろん、見舞いに行った俺が持って行ったのは、あの日頭の上に落ちてきた二人のツーショット写真だ。神はゴッドブレス、祝福と恵みを降らせると聖書は言うが、もう少し丁寧に降らせてくれ、神さま！

聖書を開こう！

イエスは、弟子たちを呼び寄せて言われた。
「はっきり言っておく。この貧しいやもめは、賽銭箱《さいせん》に入れている人の中で、だれよりもたくさん入れた。皆は有り余る中から入れたが、この人は、乏しい中から自分の持っている物をすべて、生活費を全部入れたからである。」

（新約聖書　マルコによる福音書12章43―44節）

この街の教会でいろいろなものを盗まれたり奪われたりしてきた。けれども同時にいろいろなものを与えられてきた。記憶に残るいただき物は高価なものではなく、不思議とワンカップのお酒や賞味期限の切れたパンなどだ。それは彼らが必死にポケットの中から差し出してくれたものだからこそ忘れられないし、これこそキリストが語る「誰よりも多く捧げた貧しいやもめのお賽銭《さいせん》」だ。

時々、「わたしは何も持っていない」「何もできない」と自分を卑下してしまいがち。でもそうではない。あなたは持っているし、あなたにしかできないことがたくさんあるはずだ。

ロッケン牧師&ロッケンボーイ

ドカンッ！　ある日曜日の朝、礼拝前に教会のドアが開いた。視線を落とすと、三歳くらいの男の子が肩から子ども用のギター、そして首には十字架のネックレスを付け、「アーメン！」と叫んでいる！　俺は一瞬戸惑ったが、すぐに思い出した。ライブのときのあの子だ！

それは先週のライブハウスでのことだった。〝ギューイ〜ン！〟ライブハウスのステージの上で、俺はベースをかき鳴らしていた。そう、その日は四人の牧師たちによるロックバンド「牧師ROCKS《ロックス》」のライブだった。視線を会衆に向けると、若いお姉ちゃんたちからシニアのおばあちゃんまで、みんなノリノリだ！

「よく来たな、テメエら！　俺たち聖職者の限界も、お前らの限界も今日ここでぶっ壊そうぜ！　アーメンだろ!?」と俺のMC（ステージトーク）も絶好調だ。だが、その

中にライブハウスに似つかわしくない三歳くらいの男の子が目をまん丸にしてこっちを見ている。子どもには耐えられないほどの轟音《ごうおん》なはずだが、初めて来たであろうライブハウスで見たロックバンドのパフォーマンスに、三歳の心にはイナズマが走ったようだ。彼の鼓膜が傷つかないように、またピュアな心に悪影響が出ないことを祈りつつ、俺はステージを終えた。

そして、次の日曜日にあの男の子がお母さんと共に現れたのだった。何と、あの夜初めてライブハウスで牧師ＲＯＣＫＳのライブを見た三歳の心はロックの虜《とりこ》に！　そして、その日から「僕も牧師になる！」と言い出し、ギターをお母さんに買ってもらったのだ。彼の中では「牧師＝ロッカー」であり、ステージの上で自分の限界を超える者なのだ。俺は彼に「ありがとう！　牧師になろうな！」と言い、肩を抱いた。

その後、その子のお母さんはクリスチャンになり、男の子は牧師を目指し日々ギターの練習をしている。牧師の本業って何かって？　野暮なことを今さら聞くなよ。全ての壁をぶっ壊してゴッドブレス、神の祝福をあらゆる人たちに送ることだ！

疑われた聖書と男

ガシャン！　重々しく拘置所の鉄のドアが開いた。「ドラッグ所持で逮捕された外国籍の男が聖書を読みたがっているから持ってきてくれ」と弁護士から出動要請を受けていた。いざ拘置所に行くと、「何の用だ！」と言わんばかりの看守の高圧的な態度に俺はたじろいだ。

聖書を見せると、看守は疑いの眼差しで聖書を手に取り、一ページずつ何かを探すかのように開いている。そう、聖書の間にカミソリの刃やドラッグの粉などが隠されていないか、全一六〇〇ページのボディチェックだ。俺は言った。「看守さん、聖書はさ、人を生かすことはあっても、殺すことはないぜ」。「わかった、中に入れ」と、看守は俺をやっと面会室に通してくれた。

いつもながら強気でロック調を気取りつつも実はメンタルが弱い俺、心臓はバクバク

だ。どんな強面《こわもて》の奴《やつ》がいるのかと覚悟したが、予想に反してやせた小柄のアメリカ人が下を向いて涙を流していた。うまくいかない日本の生活に耐え切れずドラッグに手を出してしまったのだという。

聖書を手渡すと「ありがとう……。俺の人生が変えられるように祈ってくれ」と彼は言った。彼のために祈りを捧げる。あっという間に一五分の面会時間が過ぎた。薬物依存からの回復は容易ではない。「この男はまた過ちを繰り返すだろうな……」と更生を疑いつつも、俺はゴッドブレス、神の祝福を祈り、拘置所を後にした。

一年後、忘れたころに彼から手紙が届いた。祖国に帰って薬物依存症から回復するためのリハビリ施設に入り、一年間ドラッグに手を出さずにリハビリに励み続けたとのこと。そして、今度は若者のためにそのリハビリセンターでボランティアをしていると。

あの日、拘置所で看守に疑われた聖書が、俺が疑ってしまった彼に命を与えた。俺はゴッドブレスをなめていた。ゴッドブレスは時も場所も人をも選ばず、どんな疑いさえも消し去り、人に命を与える神からの贈り物だ！　だから今日もゴッドブレスユー!!

世代と性を超えて

パタン！　教会のドアが開いた。小さな小学生の女の子が夏休みにおばあちゃんに手を引かれて、教会でやっている牧師カフェにやって来たのだ。初めて教会にやって来たその子、全てが珍しいようで辺りをキョロキョロ見回している。ふと彼女はテーブルの上にあったチラシを見て「ねえ？　ＬＧＢＴって何？」と真剣に聞いてきた。

そのチラシは教会で企画されたＬＧＢＴ（性的少数者）と俺の対談イベントのものだった。「僕らの周りにはね、男の人同士、女の人同士好きになったり、男の人も女の人もどちらも好きになる人や、体が男の人でも心は女の人だったり、体が女の人でも心が男の人がいるんだよ」と伝えると、目を真ん丸にして「え？　本当？」とその子。

「この教会にもいるの？」「もちろんいるよ」「そしたら、私のクラスにもいるの？」「もちろんいるよ。だからね、そういう人がいたら変な目で見ないで、ちゃんと友達に

なってほしいんだ。そのために教会ではこういう集まりをするんだよ」。こんなやりとりの後、彼女は「牧師さんって、すごいんだね！」と言ってチラシを持って帰って行った。

そして数日後、ＬＧＢＴ学習会が教会で行われた。バタンッ！　教会のドアが勢いよく開いた。この前の女の子だ！「牧師さん！　わたしの夏休みの自由研究のテーマはＬＧＢＴの人にしたの。そういう人たちを助けたいから！」と力強いまなざしで宣言した。後ろを見ると、今度はおばあちゃんが孫に手を引かれ、「何だかよくわからないんだけどね、この子と今日は学ばせてもらうよ」と言っている。この子はきっと将来、弱い立場にある人を助けていく存在になるに違いないと俺は思った。

俺たちの社会はタブーの名の下に大事な事柄が隠されてしまっている。だが隠しているだけでは何も始まらない。小さくパタンでも、バタンでも、激しくドガンッでも構わない。勇気と覚悟をもって、そのドアを開けよう。そうやって開いたドアから、今日も豊かなゴッドブレスが注がれるはずだ！

パタン、バタン！　ドガンッ‼

パタン。教会のドアが小さく開いた。見ると杖をついた初老のご婦人が入って来た。「牧師さん、一生のお願いがあって参りました」と言う彼女を礼拝堂に通す。「私はこの教会で五〇年前に洗礼を受けた者ですが、この五〇年間教会に一度も行ったことがありません。今、私はがんの末期です。残された時間と力で旅立ちの身支度をしています。最後、私をこの教会から送ってほしいのです」。

そう言う彼女はかつてあったこの教会付属の幼稚園で働いていたという。周りは洗礼を受けているクリスチャンの職員ばかり。その中で彼女は「自分も洗礼を受けなくてはいけないのではないか？」というプレッシャーを感じ、流されるように洗礼を受けていたのだ。彼女は十字架の前で俺に言った。「本当に不届き者で申しわけありません。洗礼を受けてから心のどこかで神を信じつつ、教会には通っていませんでした。でも二〇

歳のとき勇気を出して門を叩《たた》いたこの教会から旅立ちたいのです」と。

もちろんロッケン牧師の答えは即答でイエスだ。「今日で教会に来るのは三回目、それでも私は天国に行けるのでしょうか?」。その答えももちろんイエスだ。天国のドアは教会に何回来たかで開かれるものではない。さまざまな人生の中で必死に求めた者に開かれるのが天国のドアだ。そしてクリスチャンの印である洗礼は聖書を全部読み、信じた者が受けられる儀式ではなく、神がその人のことをいついかなるときも、たとえ五〇年教会に来なくとも離すことのない究極のゴッドブレスなのだ。教会に一度も来たことがない者でも、死の間際の病床でも洗礼は受けられる。

それから三カ月後、バタン!と教会のドアが開いた。闘病を終え、この地上の生涯を終えた彼女の体が教会に戻って来た。家族だけで小さなお葬式を行った。最後に皆で棺《ひつぎ》の中に花を入れ、棺の扉を閉めた。出棺のときがやってきた。俺はドガンッ!! 教会のドアを開けた。そのドアは天国の入り口だ。今日も求める者はそのドアを叩き続けるのだ。パタン、バタン! ドガンッ!!

ピカンッ！　クリスマスの光

　バタンッ！　礼拝堂のドアが開いた。キャンドルの明かりだけで祝うクリスマスイブ礼拝が始まろうとするときだった。神秘的な光がピカンッ！と輝いている。それは何とキャンドルに照らされたお坊さんの剃《そ》り上げた頭だった。彼は私の親友で、キリスト教が大好きなお坊さん。憧れのクリスマスイブ礼拝に来てくれたのだ。

　礼拝が終わると「関野牧師、初めてクリスマスイブ礼拝に来られてよかった！　お願いがあります。信者が礼拝中に食べていたパンとぶどう酒を私もいただきたいんです！」とお坊さん。

　キリスト教の大切な儀式である聖餐《せいさん》式では、洗礼を受けたクリスチャンのみがパンとぶどう酒を食すことができる。彼はそのことを知っていた。無理と知りつつ、願ってきたお坊さんの思いに心が揺れる。俺は目の前に立ちはだかる宗教の壁をぶっ壊したかっ

た。

俺は言った。「お坊さん、教義上、今はパンとぶどう酒をあげることはできない。でも、お坊さんの人生最後の日に俺を呼んでくれ。パンとぶどう酒をあげよう。そして一緒に天国に行こう！」。すると、お坊さんは喜んで「ありがとう！　ぜひ、そうしてください。私も関野牧師の人生の最後に戒名《かいみょう》をプレゼントします！」と言ってくれた。

俺が戒名をもらうことはないだろうと思った。だが、その瞬間、ピカンッ！　俺の心を未知なる光が照らした。そうだ、これが本当のクリスマスだ。キリストが生まれたクリスマス、そのとき最初にやって来て礼拝したのは異教の博士たちだったのだ。そして彼らが世界で初めてのクリスマスプレゼントを贈り、世界で初めてキリストという救いのプレゼントを受け取ったのも異教徒の彼らだった。

牧師とお坊さんは形のない約束のプレゼントを交換し、共に一つの光に招かれたのだ。ドガンッ！と目の前の壁が崩れた。バタンッ！とドアが開き、ピカンッ！とお坊さんの頭越しに差し込まれたのは救いの光だったのだ。奇跡のクリスマスイブだった。

真実は嘘と本当の間に

パタンッ。小さく教会のドアが開いた。中年の男が「牧師さん、私は肝臓がんのステージ四、余命三カ月です。高齢の母と二人暮らしで、母の生活費と自分の治療費を払うために、この状況でもまだ働かなくてはいけないのです」と悲壮な顔で訴えてきた。

「本当ですか……? 私に何ができますか?」と問うたが、彼は長い時間自分の苦しみを語り教会を去って行った。次の週の同じ時間にその男はまた現れ、やはり自分の余命とそれでも働かなくてはいけない苦しみを二時間語り帰って行った。そして、その男は毎週教会にやって来ては同じ話を繰り返した。

俺は確信した。この男は嘘《うそ》をつかないと生きていけない虚言癖の持ち主だと。そしてそれからというもの、男が同じ話を繰り返すたびに俺は心の中で叫んだ。「嘘だ、嘘だ! お前は嘘で俺を振り回して楽しんでいる!」と。

しかし、余命宣告の三カ月を迎える週に男は現れなかった。彼は本当に死んでしまったのか!? 心は揺れつつも、男に「嘘では？」と問いただささなかったことはよかったと思った。

そして三年の時が流れた。ドガンッ！ 教会のドアが開いた。見るとその男がいる！ しかも、いや、なぜか女性連れだ。「牧師さん、お久しぶりです！ 私、今度彼女と結婚するんです！」と満面の笑み。お前は余命三カ月だったはずだ!!と思いつつ、俺はずっと言いたかった言葉を吐き出した。「嘘だ〜!?」。すると「本当です！」と男。横の二〇歳ほど年下と思われる美人の彼女も微笑《ほほえ》んでいる。悔しいが、俺も微笑んでいた。

きっと長い人生の途中、当時の彼は心が荒《すさ》み、嘘をまき散らさなければならないほど苦しい時を過ごしていたのだろう。だが今、男の笑みを見ると、その苦しい時期を乗り越えたように見えた。きっと神と彼女のおかげだろう。俺は何が嘘で何が本当なのかわからなくなった。だが究極的にはそんな問いは小さなことなのかもしれない。強引だが、まとめる。神よ、嘘と本当の間に真実のゴッドブレスを！

俺はゴッドブレス・マニア

ドッガーン！　かつてない轟音《ごうおん》と共に教会のドアが開き、「ただいま～！」と大声で二人の男が入って来た。面識もないこの輩《やから》たち、十字架の前に行き、さらに大きな声で「ただいま～！」と叫んでいる。完全な酔っぱらいだ……。誰が来てもよい教会だが、さすがのキリスト様でも十字架の上で下から酔っぱらいに絡まれているのは忍びない。

男たちを追い出そうとしたときだった。片方の男が崩れ落ちるようにひざまずき、「た、ただいま……」と嗚咽《おえつ》し始めた。ただごとではないと俺は察知し、事情を聴いた。涙顔の男はなんと今、裁判所の帰りだという。遊びが過ぎて借金が膨らみ、自営の会社が倒産。家族も離散し孤独の極致に。そして孤独の苦しみと生活苦からクレプトマニア（窃《せっ》盗《とう》症）を患ってしまったのだ。

万引、窃盗、空き巣など前科五犯で逮捕され、服役もした。今回六回目の窃盗の裁判

では男の病癖が明らかにされ、孤独と誘惑を避けるために地方のグループホーム付きの農業施設でリハビリをしながら働くことになっていた。だが裁判を終え新宿の雑踏の中、人々のカバンを見ていたら勝手に手が伸びてしまったのだ。一緒にいた仲間が慌てて手を抑え、事なきを得た。

仲間は俺にこう言った。「牧師さん、こいつ盗みたくて盗んでいるんじゃないんです。人混みの中で感じる究極の孤独が盗みに走らせるんです。だからこいつには仲間と『ただいま！』と帰って行ける場所が必要なんです。地方に行く前にまたやらかすとこだった……。だから思いっきり『ただいま！』と叫べる教会に来たんです」。俺は言った。「好きなだけ盗め！　この礼拝堂に金などない。あるのはキリストの赦《ゆる》しと愛だけだ！」。そして後悔した。最初に「お帰りっ！」と男たちをあたたかく迎えなかったことを。俺はドッガーン！とドアを開け、叫んだ。「いってらっしゃい！　また会おう！」と。

「いってらっしゃい！」「お帰りなさい！」。ゴッドブレスは、こんな小さな日常のことばに揺るぎなく宿っているのだ。

人生のバッターボックス

パタン。俺は教会のドアを静かに開けた。ある人と教会で口論になり、口をきいてもらえなくなっていた。ハッキリ言えばその人にも非はある。プライドも邪魔し、その人に声をかけられないでいた。「神よ、私にも悪いところがありました。でもあの人が赦《ゆる》せない、でも和解させてください」と祈っていたのだ。

そのとき、ドガンッ！　教会のドアが開き、長身の男が礼拝堂に入って来た。なんと約一〇年前にドラフト一位で某プロ野球チームに入団したA選手だ。十字架の前で必死に祈りを捧げている。そんなときは邪魔をしないのが俺の流儀だ。次の日も俺が祈っていると、またA選手がやって来て祈り始めた。

偶然にもその日のスポーツ新聞で「あのドラフト一位A選手完全引退か？」という記事を見つけた。彼は五年前にけがで戦力外通告を受け、プロ野球界から姿を消していた

が、野球人生を諦めず、実業団でプレーを続けていたのだ。だが、今季は不調で一〇試合近くヒットが出ていないという内容だった。

そして次の日も祈りにやって来たA選手は、初めて俺に言葉をかけてきた。「野球選手のAと申します。牧師さんは何を毎日祈っているのですか?」。俺は、ある人との和解を求めて祈っていることを告げた。すると「牧師さんも暗いトンネルを通ることがあるのですね。実は私も長いトンネルから抜け出せません。私のために祈ってくださいませんか。そして私は今晩、牧師さんを想いバッターボックスに立ちます!」とA選手。俺はA選手の手を握り、ゴッドブレスを祈った。「神よ、今宵《こよい》A選手に神のご加護を!」。

その夜、俺はA選手の試合を見に行った。A選手のチームが僅差《きんさ》で劣勢の九回の裏ツーアウト、バッターボックスに立つのはA選手。「カキーン」、逆転ホームランが放たれ、映画のような展開に。だが言おう、事実は小説より奇なり。そしてゴッドブレスはそんな事実を祝福する神からの贈り物。ありがとうA選手、俺も俺のバッターボックスに戻って、あの人に声をかけ謝るよ!

十字架にかけられていた犯罪人の一人が、イエスをののしった。「お前はメシアではないか。自分自身と我々を救ってみろ。」すると、もう一人の方がたしなめた。「お前は神をも恐れないのか、同じ刑罰を受けているのに。我々は、自分のやったことの報いを受けているのだから、当然だ。しかし、この方は何も悪いことをしていない。」

そして、「イエスよ、あなたの御国においでになるときには、わたしを思い出してください」と言った。するとイエスは、「はっきり言っておくが、あなたは今日わたしと一緒に楽園にいる」と言われた。

（新約聖書　ルカによる福音書23章39―43節）

十字架に架けられていた犯罪人は、取り返しのつかない人生の最後の時間に痛みと後悔の中で横にいたイエスに伝えた。「こんな俺は天国には行けないよ……でも神の子キリストよ、こんな惨めな俺みたいな奴《やつ》が生きていたことを天国で思い出してほしい……」と。小さな声だったかもしれないがこれは魂の絶叫だった。「本当は生きなおしたい、本当は天国に行きたいのだ」。そしてイエスは答えるのだ。「お前は地獄に行くのではないよ。今日、私と一緒に楽園に行くのだよ」と。

神の前に叫び求める者を神は救う。そして今日、キリストは声にもならないあなたのその叫びを聴いている。

神の祝福はカレー味

ドガンッ！　爆音とともに教会のドアが開いた。見ると中年のまじめそうな男が大粒の汗をかきながら、ハッハッハッ……と苦しそうな息をしている。だが、ここは歌舞伎町の裏、俺はこのような輩《やから》に数えきれないほどだまされてきた。ゆすりかたかりか？　財布を盗まれたから金を貸してくれという作戦か？　どうやってこの男をかわそうか、俺の頭はフル回転しだした。

とはいえ、俺も牧師の端くれ、一応問うてみる。「どうされましたか？」。すると男は答えた。「牧師さん、頼む。何かさせてください……。ハッハッハッ！　何かしないと自分を止められないんです。お願いします。そうだ、皆さんにカレーを作らせてください」。

大抵のドガンッ！は「何かください」のはず。話を聞くと、この男はかつて腕のいい

洋食屋のシェフだったという。しかし経営難でストレスをためこみ、覚せい剤に手を出し、薬物依存症になってしまった。何とか自助団体につながり、毎日依存と闘い、五年間過ちを繰り返さずやってきた。それでも時折、無性に薬物を欲してしまうのだという。

「今日もその発作に襲われていますこんなときは誰かのために何かを全力でやることでしか、この欲望を抑えられないんです」と、男はうめいた。脳内に刻み込まれた快楽への欲望を抑えるためには、誰かに何かを与えるなどの自尊心でしか勝てないのだという。俺がオーケーを出すと、男は教会の厨房にあった有り合わせの材料でカレーを作りだした。俺は教会のご近所さんたちを呼び集め、急きょカレーパーティーが行われた。

一口パクリ、味は極上だ。ニンジンやジャガイモだけでなく、刻んだフルーツも入っているトロピカルカレーだ。皆も口々に「おいしい!」と喜びの声を上げる。

ふとシェフを見ると、優しく微笑《ほほえ》み、大粒の汗は小さな涙へと変わっていた。辛さとトロピカルな甘さは、まさにシェフが味わってきた酸いも甘いも知り尽くした苦闘の人生の日々を支え続けてきたゴッドブレスだった。

宇宙の出入り口で

ドガンッ！　教会のドアが激しく開いた。見るとそこに銀色の円盤を頭に載せた中年の女性が立っている。そして、天を仰ぎブツブツと何やら言っている。シャンプーハットの二倍ほどの大きさのアルミの帽子越しに宇宙と交信をしているようである。彼女は一歩一歩と俺の方へ近づいてくる。

う、逃げ出したい……たじろぎながらもここで退《ひ》いては歌舞伎町の裏からゴッドブレスはかませない。「どうしましたか？」と尋ねる。「牧師さん、宇宙があなたを呼んでいます。今、行動しないと東京が滅んでしまいます。私は青森から牧師さんにそのメッセージを届けに来ました」と女性。世間的に見れば、彼女の言動は幻覚・幻聴によるもので、おかしな人で片付けられるかもしれない。だが、俺は耳を傾けた。万が一でも彼女が本当に宇宙と交信しているかもしれないからだ。

話の結末は一週間後に東京で大地震が起こり、半数以上の住民が死んでしまうというものだった。ばかげた話に聴こえる。だが明日東京で大地震が起こる可能性はゼロではない昨今だ。俺は彼女の頭の円盤に手を置き、天を仰ぎ祈った。「神よ、この世とこの女性を守り給え！」。そして彼女に「俺が東京のために祈った。後は神に任せて、安心して家に帰って！」と言い、新宿駅で長距離バスに乗る彼女を見送った。

そして一週間が過ぎた。今日は東京が大地震で壊滅するかもしれない日だ。やはり落ち着かないでいると、ドガンッ！　教会のドアが開いた。「宅急便で〜す！」と青森からリンゴが一箱届いた。添えられた手紙にはこう書かれていた。

「牧師様、宇宙からのメッセージをしっかりと聴いてくださり、祈ってくださったのは牧師様だけでした。祈りが届き、地震は起きませんでした」

世の人は彼女のことをおかしな人と言い、耳を傾けないだろう。だったら、耳を傾ける最初の一人に俺たちがなればいい。東京は救えないかもしれないが、一人の心を救えるかもしれない。それがゴッドブレスなんだ。

燃える罪の炎を消せ

ドカンッ！　教会のドアが軽快に開き、作業服を着た男が「お～！　牧師先生、久しぶり！」と笑顔で入って来る。会った記憶はないが、あたかも覚えているかのように対応するのがプロの牧師。「おお、元気そうだね！」。「先生、早いもんでさ、消火器の取り換えの時期なんですよ。換えときますから、先生は仕事の続きしてくださいね！」と男は言い、教会中の一〇数本の消火器を次々に入れ換えていく。

だが、何か引っかかる。目の前の人を信じ、それと同時に疑いを持たなければ歌舞伎町の裏の教会では働けない。男が回収した消火器に目をやると驚きの事実が。何と消火器はまだ造られて一年もたっていない。つまり使用期限がまだまだある代物なのである。そう、この輩《やから》は宗教施設を狙う消火器詐欺男だ。誰も消火器の使用期限など気にしていないし、消火器を使うのは一生に一度あるかないかだから、この手の詐欺が横行してい

るのだろう。

俺は回収された消火器の作成日の印字を男に見せ、消火器の使用期限は何年か尋ねる。「五年です」と答える男に「そうでしょう。だったらこの教会の消火器はあと四年はもつはずです」と追い詰め、観念した男に名刺を出させる。

名刺を見ると、一応は防犯会社の下請けで働いているようだ。ひとり暮らしの高齢者宅や宗教施設で時に、このような詐欺を働いているようだった。「ごめんよ先生、息子の塾代が出せなくてさ。息子にはどうしても大学行かせたくて。でももう嘘《うそ》はつかないで仕事するから見逃してくれ」。俺は答えた。「信じます。でも二度と嘘は通用しません。あなたの名刺が神の掌《たなごころ》、教会にあるってこと、忘れないでください」。ドガンッ！ドアを開け、俺は男を追い出した。

誰でも教会に来てよい。だが神の前で嘘が暴かれる覚悟で来てほしい。しかし、それを赦《ゆる》され、生まれ変われる希望もあるということも覚えておいてほしい。ゴッドブレス、神の祝福は消えることのない人間の罪を消し去る消火器でもあるんだ。

人生に手遅れはない

ドガンッ！　教会のドアが開いた。教会の前に止まった豪華な霊柩《れいきゅう》車から黒のダブルスーツを着た男たちが、鶴や亀の彫刻が施され最上級の棺《ひつぎ》を担いで入って来た。俺が葬儀を引き受けた、元大企業の社長のおじいちゃんだ。

彼は莫大な財産を築いたやり手の経営者だった。けれども気性が荒く家庭を顧みず、家族は離散、人生の最後を超高級老人ホームで過ごしていた。金に物を言わせ、気に入らないと怒鳴り散らし、檀家《だんか》の寺とも絶交してしまい、俺の教会にたどり着いたというわけだ。そして葬儀が始まった。もちろん、親族はいない。参列しているのは老人ホームの職員五名のみだ。見てわかる、誰も悲しんでいない。皆この元社長に苦しめられてきたのだろう。せいせいした顔で葬儀に参加している。

人生はハッピーエンドとは限らない、人はそれまで生きてきたように最期を迎える。

俺は粛々と葬儀を進め、弔辞の代わりに遺言が読まれる段になった。職員が俺に手渡した封筒は妙に分厚い。俺は一瞬、教会への献金の札束かと思った。だが、封筒の中には現金ではなく、束になった昔の家族写真と一枚の手紙が入っていた。俺は読み上げた。

「聖職者様、老人ホームの皆様、私の人生最後の時を共に過ごしてくださりありがとうございます。ご存じのとおり私は経営者としては成功しました。けれども家族をはじめ全てを失いました。私は弱みを人に見せたことが一度もなく、終《つい》の棲家《すみか》の老人ホームでも皆様にきつくあたり散らしてご迷惑をおかけしましたこと、どうぞお許しください。最後だから言えます。寂しかった。棺に家族の写真を入れてください」

無表情だった職員が皆泣いていた。俺も泣いていた。皆でおじいちゃんを囲み、その棺に家族の昔の写真を入れた。

人生は取り返しのつかない過ちでいっぱいだ。だが、どのような人生の最期にもゴッドブレス、神の祝福はあるはずだ。ドカンッ！　教会のドアが開いた。おじいちゃんの旅立ちだ。俺たちは皆、笑顔だった。

あなたは誰に向かって倒れる？

ドガンッ！　見ると、女性が教会のドアに激突して倒れていた。急いで駆け寄り、彼女を起こす。顔を見てハッとした。初老にはなっているが、たぶん何十年か前に一世を風靡《ふうび》した舞台女優のFさんである。教会の中に招き入れ話を聴くと、パーキンソン病にかかり舞台から引退せざるを得なかったとのこと。女優業に全てをかけていた彼女は、家族もなく、貯蓄も底を尽きているようだった。症状が出ると立っていられなくなり、しばしば転倒、そのため顔はあざだらけだった。「牧師さん、病気になってわかったわ。人は何かにぶつからないと止まらないの」。彼女はそうつぶやいて帰って行った。

明くる週、Fさんがまた教会にやって来た。顔にはあざが増えている。難病を患い、無収入になった彼女は生活保護などの公的支援を受けられるはずだ。いたたまれなくなり、俺は「Fさん、もう十分がんばってこられました……。ここからは援助を受けてよ

いと思います」と言った。するとFさんは「あなたに何がわかるっていうの！　私はずっと一人で生きてきたの。今だって病気だけど一人で生きているの。中途半端な人が中途半端なことを言わないで！」と言って、立ち上がり帰ろうとした。

その瞬間だった。ドガンッ！　発作を起こしたFさんが俺の方に倒れてきた！　突然のことに俺もバランスを失い、彼女を支えるかたちで後方に倒れて腕を椅子に思いっ切りぶつけてしまった。傷ついた俺の手を見て、彼女は泣き出した。「ごめんなさい、牧師さん。わかりました……。私はもう一人では生きられない。援助を受けます」。

俺は彼女に何もしていない。中途半端呼ばわりされ、倒れてきた彼女の下敷きになっただけだ。腫れ上がった腕が強烈に痛い。だが、これも彼女と俺が受けたゴッドブレス、神からの祝福だった。人は何かにぶつからないと止まらない。そして誰か一緒に倒れてくれる人が時に必要なんだ。そしてそこから立ち上がる時、そんな時にこそ、神に気づくのだ。

真っ赤に照らされた夜

ドガンッ！　夜の教会のドアが激しく開き、一二歳のケンジがカッターナイフを振りかざし、「殺してやる！」と襲いかかってきた。俺はケンジの腕をつかみ壁に押しつけ、その動きを封じた。

裕福な家に生まれたケンジは私立の小中学校に通い、サッカーチームに入り、塾に通い、好きなゲームも全部持っている。そんな恵まれた環境にあったが、両親が不仲で毎日怒鳴りあっているのを聴き、精神が極限にまで追い詰められていたのだ。

それでケンジは少し前から教会に相談に来るようになった。だが、鬱積《うっせき》した怒りを時に俺にぶつけてくることがあった。そして、ついにその日、いきなり刃物を振り回したのだ。危機を感じた教会員が一一〇番に電話をすると、パトカーと救急車、そして消防車まで教会の前にやって来た。警官、救急隊員、消防士に囲まれて、我に返ったケンジ

は大声を上げて泣いた。

そのとき、ドガンッ！　教会のドアが開いた。ケンジの両親だ。父親が怒鳴った。「皆に迷惑をかけて、何やってんだ！」。だが、俺は怒鳴り返した。「お父さん、お母さん、ケンジの前でののしり合うのはやめてください！　二人でケンジを抱きしめてやってください！」。父親は黙って母親とケンジの肩を抱き、教会を後にした。緊急車両のライトに赤く照らされた彼らの後ろ姿を見ながら、俺は悲しくなった。「人はそうそう変われない。また、同じ問題を繰り返すだろうな」と。

それから一〇年の月日が流れた。バタンッ！　教会のドアが開いた。なんとケンジだ。「牧師さん、久しぶり！　俺大学で今、福祉学んでて、来年はイギリスの大学院に児童心理を研究しに行くんだ！」と報告に来てくれたのだ。

きっと家族とも何とかうまくやっているのだろう。あの日俺に刃物を向けたケンジは今、子どもの心を守る男になろうとしている。「お前は最高のカウンセラーになれるぞ！」。俺はケンジの未来に果てしないゴッドブレス、神の祝福を祈ったのだった。

俺もあなたの友達だよ

　ドガンッ！　教会に流れ込んでくるタバコの煙の主を突き止めようと、俺はドアを開けた。すると、かなりの歳のじいちゃんが教会の敷地内でタバコを吸っていた。その目は十字架の塔を憂鬱《ゆううつ》そうに見つめている。放って置けない雰囲気に、俺は声をかけた。

「何かお悩みでもありますか？」。

　じいちゃんは俺をチラッと見ると「別に……」と小さくつぶやいただけだった。「今日はいいお天気ですね」と、さらに声をかけると「悪いけど、話しかけないでくれ！」とキツイ一言。カチンときたが、俺は最後の賭けに出た。じいちゃんに近づき「すみません、タバコ一本くださいませんか？」と。

「おう」と言い、おじいちゃんは俺にタバコを手渡した。そのタバコを吸うと俺は激しくむせ、涙が出てきた。そう、俺は大のタバコ嫌いなのだ。おじいちゃんは「無理す

るなよ、おまえさん。でも話を聞いてくれるか？」と語り出した。「俺はさ、昔戦争のときサイパン島で人を殺してるんだ。こんな重すぎる罪、キリストさんは赦《ゆる》してくれるのかな……？」。中途半端な答えはできない。俺は精いっぱい答えた。「おじいちゃん、殺された相手、そして家族はじいちゃんを赦すことはできないと思う。でもね、誰が赦さなくても罪人を救うために来たキリストは赦しているよ」と。

じいちゃんは小さく笑った。「そうか……。うん、そうか……。俺なんて生きてちゃいけないって思ってたから結婚もしなかったし、友達はタバコだけだった。初めて人に話したよ」と涙を流した。俺の目にも涙がにじんだ。タバコの煙のせいじゃない。

去り際にじいちゃんが聞いてきた。「牧師さん、俺も天国に行けるかな？　で、あっちにもタバコはあるかな？」。俺は「たぶんね！」と答えた。その後、じいちゃんが教会に現れることはなかった。あれから数年、じいちゃんはもう天国にいると思う。ドガンッ！　あの日開いたのはじいちゃんの心のドアであり、天国のドアだったんだ。そっちはどうだい、じいちゃん。タバコはおいしいかい？

聖書を開こう！

女は答えて、「わたしには夫はいません」と言った。イエスは言われた。「『夫はいません』とは、まさにそのとおりだ。あなたには五人の夫がいたが、今連れ添っているのは夫ではない。あなたは、ありのままを言ったわけだ。」

……しかし、まことの礼拝をする者たちが、霊と真理をもって父を礼拝する時が来る。今がその時である。なぜなら、父はこのように礼拝する者を求めておられるからだ。

（新約聖書　ヨハネによる福音書4章17—18、23節）

彼女は差別されていたサマリア人であり、かつ隠したい過去を持っていたが、それをイエスに語った。だがイエスは彼女を断罪したり、生き方を変えさせようとは一切しない。ただ言うのだ。「こうやって共に渇きながらも本音を打ち明ける。これこそが真の礼拝だ」。

そう、礼拝とは日曜日に教会で行われるだけのものではない。今日を生き、今を生きることに渇くあなたがキリスト・イエスに全てを打ち明けるなら、それこそが真の礼拝なのだ。

小さなキリストを背負って

ロッケン牧師誕生秘話

わたしが牧師になろうと決意したのは大学三年生の時であった。それまでわたしはロックンロールで頭がいっぱいだった。ちょうど就職活動の時期にさしかかっていたが、わたしにはそんなことは関係ないと思っていた。ロックを奏で、ライブハウスのステージに立つことだけで心は満たされていた。

だが神はそんなわたしに声をかけた。わたしの家族にはダウン症の妹がいる。妹は生まれつき重い心臓病を患い、医師からは「長くは生きられない」と言われていた。

それは二〇〇〇年、ちょうどミレニアムのクリスマスの時期であった。急に妹が体調を崩した。はじめは風邪だと思っていた。医師に診てもらったが、一向に妹の体調は回復せず、どんどん悪くなっていったのだ。「何かがおかしい」という思いから救急車を呼ぶことになった。

徐々にサイレンの音が家に近づいてくる中で、わたしは二階の寝室に妹を迎えに行った。部屋に入ってみると、妹が力尽きて目を開けたまま床に倒れていた。それでも「一秒でも早く救急車に乗せなくては！」と思い、そのまま妹を背負い、家の階段を降りた。妹を背中から落とさないようにと一段一段ゆっくりと階段を下った。

そのとき、意識をなくしていると思っていた妹が苦しそうに弱々しく何かを話し始めた。「苦しい……助けて……」と言いたいのだと思った。だが妹は途切れ途切れに「お兄ちゃん、やさしいね、ありがとう」と言うのだ。その言葉に胸が張り裂けそうになった。なぜこんなに苦しそうなのにわたしにお礼など言うのか！

病院に運ばれた妹はすぐさま集中治療室に入れられた。診断の結果それは急性の糖尿病であった。医師の説明によれば「通常ならば九〇～一五〇の血糖値が二〇〇〇もあり、一〇〇〇を超えたら非常に危険であり、あと二、三日のいのち」だということであった。わたしはその場で泣き叫び床に座り込み、「神がいるならなんでこんなことを起こすのか」と神を呪った。

さらに妹が寝かされている集中治療室は地獄のような光景だった。全身管だらけで、苦しそうな息をしている妹を見るのは本当につらかった。大切な家族が苦しんでいる姿を見続けることは本当につらい。それならばむしろ一刻でも早く楽になってもらいたいと思った。だが妹はすぐには死ななかった。病院の外はミレニアムのクリスマスで華やかであった。自分たちだけが灰色の世界に突き落とされた気分だった。

だがそんなとき、何人かの牧師が病院に励ましに来てくれた。ある牧師は新幹線に乗って病院に駆けつけてくれ、家族以外は入れない集中治療室に入って来て、妹のベッドの前でひざまずいて祈ってくれた。人が死を前にする時、医師は決してやさしい言葉を語ってはくれない。責任があるからこそ、最悪の状況を想定して家族に現状を語るのである。だが牧師は苦しむ妹とわたしたちに寄り添ってくれた。

そして奇跡が起こったのだ。「もうだめです、覚悟しておいてください」

とまで言われていたはずの妹が回復に向かいだしたのである。

心に少しずつ光が差し込んでくる感覚とともに集中治療室の妹のベッドがキリストの十字架に重なって見えた。点滴や管の跡が、十字架の傷と重なって見え、最愛の息子を十字架に送った父なる神の痛みを感じた。そして妹を救急車に乗せるために背負ったときのことを思い出した。「お兄ちゃん、やさしいね、ありがとう」と妹が言ってくれた言葉が心に響き始めた。

聖書の言葉「はっきり言っておく。わたしの兄弟であるこの最も小さい者の一人にしたのは、わたしにしてくれたことなのである」（マタイ25・40）のキリストの言葉とともにはっきりとわかった。わたしはあの日、あの階段で小さなキリストを背負ったのだと。そして小さなキリストを背負い、今度はわたしが牧師となって、同じように苦しむ人に寄り添いたいと思った。

だれもが今日、大きな悲しみと向き合って生きている。そしてわたしは悲しみのあるところにこそ小さなキリストを届けたいと願うのだ。はっきり言って世の牧師のように難しい神学の知識や言葉は持ち合わせてはいない。ただこの背中に小さなキリストがいてくださるのみである。ただただ悲しむ人と共に悲しみ、小さなキリストが与えてくれる奇跡をいただきたい。そんな牧師でわたしはあり続けたいと思う。

（『信徒の友』二〇〇九年一〇月号）

あとがき

教会とは不思議な場所だ。神が建てたこの地上の天国であるはずが、気がつけばハイソな雰囲気の中、高齢者ばかりが集う排他的な村社会《ムラ》となってしまっている状況がある。私が働いている教会もはっきり言えばそうだった。そして私もその村社会の一員どころか村長となり、波風立てず無難に過ごそうとしていた。だがそんな私のドアを思いっきり叩《たた》き、こじ開けてくれたのが教会の外の人々だった。

この本はドガンッといきなりドアを開いてやって来る珍客の訪問記ではないし、また無理難題を前に未熟な牧師があたふたする翻弄《ほんろう》記でもない。これは人が人としてあがきながら神の前に生きる記録である。歌舞伎町の裏、大久保は確かにホームレス、外国籍の人、心の病を持つ人、夜の世界で働いている人がたくさんいる。だがここが特異な環境なのではなく、全ての人々が居る日常の場所なのだ。

日本社会、特に教会は暗黙裡《あんもくり》の「普通の人」を良しとし、それ以外の人々を排除する風潮が支配している。「普通」とは社会性を持ち誰にも迷惑をかけず安定した生活ができるということであろうか。けれどもそんな都合よく人は生きられない。そしてそれが「安定」だとしたらそれは何かのはずみで一瞬で崩れ去る不安定な砂の城だ。

ドガンッと教会のドアを開けてやって来た人々は特殊な状況を持った人々ではなく、ただただこの世界の現実を生きる人々である。そして彼ら彼女らと出会う度に私は誰かを救おうとしていた聖職者という着飾った上辺を剝《は》がされていき、誰も救えないただの人に戻った。

この一四年の間にこの本にも登場しない、苦しみを抱えた多くの人々に出会った。何もできずに見過ごし、追い返したことも何度もあった。「ごめんなさい」、何もできなかった無力な私を赦してほしい。「ごめんなさい」、今日も私は弱い。でもだからこそ私が信じ頼るものはゴッドブレス、神の祝福しかない。それを出会う全ての人々に祈るのだ。

二〇一九年一〇月　歌舞伎町の裏の教会から

牧師　関野　和寛

《初出一覧》

「人生劇場は最前列で見よ！」（『こころの友』2017年4月号、日本キリスト教団出版局、以下同様）
「クリスチャンパフューム」（『こころの友』2017年5月号）
「壊れた屋根に三度の奇跡」（『こころの友』2017年6月号）
「アタック No.1 教会 vs 交番」（『こころの友』2017年7月号）
「この壊れた世界にこそ」（『こころの友』2017年8月号）
「死ねる場所こそ生きる場所」（『こころの友』2017年10月号）
「賞味期限なき塩キャラメルパン」（『こころの友』2017年11月号）
「ワンカップでメリークリスマス！」（『こころの友』2017年12月号）
「神の前で亀の葬式を」（『こころの友』2018年1月号）
「歌舞伎町のママに教わったこと」（『こころの友』2018年2月号）
「ブラジルコーヒーの残り香」（『こころの友』2018年3月号）
「100キロの赤ちゃん」（『こころの友』2018年4月号）
「20時のシンデレラ」（『こころの友』2018年5月号）
「葬式費用≠天国入場料」（『こころの友』2018年6月号）
「ミッション、じいちゃんを救え！」（『こころの友』2018年7月号）
「ロッケン牧師＆ロッケンボーイ」（『こころの友』2018年8月号）
「疑われた聖書と男」（『こころの友』2018年9月号）
「世代と性を超えて」（『こころの友』2018年10月号）
「バタン、バタン！ ドガンッ‼」（『こころの友』2018年11月号）
「ピカンッ！ クリスマスの光」（『こころの友』2018年12月号）
「真実は嘘と本当の間に」（『こころの友』2019年1月号）
「俺はゴッドブレス・マニア」（『こころの友』2019年2月号）
「人生のバッターボックス」（『こころの友』2019年3月号）
「神の祝福はカレー味」（『こころの友』2019年4月号）
「宇宙の出入り口で」（『こころの友』2019年5月号）
「燃える罪の炎を消せ」（『こころの友』2019年6月号）
「人生に手遅れはない」（『こころの友』2019年7月号）
「あなたは誰に向かって倒れる？」（『こころの友』2019年8月号）
「真っ赤に照らされた夜」（『こころの友』2019年9月号）
「俺もあなたの友達だよ」（『こころの友』2019年10月号）

「小さなキリストを背負って」（『信徒の友』2009年10月号）

《著者》
関野和寛（せきの・かずひろ）
東京生まれ。青山学院大学国際政治経済学部卒業、日本ルーテル神学校卒業、香港ルーテル神学校牧会宣教博士課程修了。
2006年—2020年3月まで歌舞伎町の裏、新大久保にある日本福音ルーテル東京教会の牧師として働く。
2020年7月よりアメリカのミネアポリスにあるアボットノースウェスタン病院の研修チャプレンとしてコロナ病棟、精神科病棟で患者たちに寄り添っている（2021年4月現在）。

著作
「すべての壁をぶっ壊せ！—Rock'n 牧師の丸ごと世界一周」（日本キリスト教団出版局、2018）
写真家緒方秀美×牧師関野和寛イスラエルフォトメッセージブック「ROCKERS OF THE HOLY LAND」（キリスト新聞社、2019）

神の祝福をあなたに。——歌舞伎町の裏からゴッドブレス！

2019年10月25日　初版発行
2021年4月5日　再版発行

著者　関 野 和 寛
発行　日本キリスト教団出版局
169-0051　東京都新宿区西早稲田2丁目3の18
電話・営業 03（3204）0422　編集 03（3204）0424
http://bp-uccj.jp

印刷・製本　三秀舎

ISBN978-4-8184-1043-5 C0016
Printed in Japan